MP3 다운로드 방법

컴퓨터에서 ▶
- 네이버 블로그 주소란에 **www.lancom.co.kr**
  네이버 블로그 검색창에 **랭컴**을 입력하신 후 다운로드

- **www.webhard.co.kr**에서 직접 다운로드
  아이디 : lancombook
  패스워드 : lancombook

스마트폰에서 ▶ **콜롬북스 앱**을 통해서 본문 전체가 녹음된
MP3 파일을 **무료**로 **다운로드**할 수 있습니다.

- 구글플레이 · 앱스토어에서 **콜롬북스 앱** 다운로드 및 설치
- 회원 가입 없이 원하는 도서명을 검색 후 **MP3 다운로드**
- 회원 가입 시 더 다양한 **콜롬북스** 서비스 이용 가능

원하시는 책을
바로 구매할 수
있습니다.

전체 파일을
한 번에 저장할
수 있습니다.

▶ mp3 다운로드
www.lancom.co.kr에 접속하여 **mp3**파일을 무료로 다운로드합니다.

▶ 우리말과 원어민의 1 : 1 녹음
책 없이도 공부할 수 있도록 원어민 남녀가 자연스런 속도로 번갈아가며 영어 문장을 녹음하였습니다. 우리말 한 문장마다 원어민 남녀 성우가 각각 1번씩 읽어주기 때문에 한 문장을 두 번씩 듣는 효과가 있습니다.

▶ mp3 반복 청취
교재를 공부한 후에 녹음을 반복해서 청취하셔도 좋고, 원어민의 녹음을 먼저 듣고 잘 이해할 수 없는 부분은 교재로 확인해보는 방법으로 공부하셔도 좋습니다. 어떤 방법이든 자신에게 잘 맞는다고 생각되는 방법으로 꼼꼼하게 공부하십시오. 보다 자신 있게 영어를 할 수 있게 될 것입니다.

▶ 정확한 발음 익히기
발음을 공부할 때는 반드시 함께 제공되는 mp3 파일을 이용하시기 바랍니다. 언어를 배울 때 듣는 것이 중요하다는 것은 두말할 필요가 없습니다. 오랫동안 자주 반복해서 듣는 연습을 하다보면 어느 순간 갑자기 말문이 열리게 되는 것을 경험할 수 있을 것입니다. 의사소통을 잘 하기 위해서는 말을 잘하는 것도 중요하지만 상대가 말하는 것을 정확하게 듣는 것이 더 중요하다고 합니다. 활용도가 높은 기본적인 표현을 가능한 한 많이 암기할 것과, 동시에 원어민이 읽어주는 문장을 지속적으로 꾸준히 듣는 연습을 병행하시기를 권해드립니다. 듣는 연습을 할 때는 실제로 소리를 내어 따라서 말해보는 것이 더욱 효과적입니다.

이렇게
말해봐
기본영어

이렇게 말해봐 기본영어

2018년 04월 10일 초판 1쇄 인쇄
2018년 04월 15일 초판 1쇄 발행

지은이 이서영
발행인 손건
편집기획 김상배, 장수경
마케팅 이언영
디자인 이성세
제작 최승용
인쇄 선경프린테크

발행처 *LanCom* 랭컴
주소 서울시 영등포구 영신로38길 17
등록번호 제 312-2006-00060호
전화 02) 2636-0895
팩스 02) 2636-0896
홈페이지 www.lancom.co.kr

ⓒ 랭컴 2018
ISBN 979-11-88112-68-5 13740

이 책의 저작권은 저자에게 있습니다. 저자와 출판사의 허락없이
내용의 일부를 인용하거나 발췌하는 것을 금합니다.

이렇게

말해봐

English Conversation

기본
영어

Basic

이서영 지음

LanCom
Language & Communication

들어가며

영어회화를 위한 4단계 공부법

읽기 듣기 말하기 쓰기 4단계 영어 공부법은 가장 효과적이라고

알려진 비법 중의 비법입니다. 아무리 해도 늘지 않던 영어 공부,

이제 읽듣말쓰 4단계 공부법으로 팔 걷어붙이고 달려들어 봅시다!

읽기

왕초보라도 문제없이 읽을 수 있도록 원어민 발음과 최대한 비슷하게 우리말로 발음을 달아 놓았습니다. 우리말 해석과 영어 표현을 눈으로 확인하며 읽어보세요.

✔ check point!

- 같은 상황에서 쓸 수 있는 6개의 표현을 확인한다.
- 우리말 해석을 보면서 영어 표현을 소리 내어 읽는다.

듣기

책 없이도 공부할 수 있도록 우리말 해석과 영어 문장이 함께 녹음되어 있습니다. 출퇴근 길, 이동하는 도중, 기다리는 시간 등, 아까운 자투리 시간을 100% 활용해 보세요. 듣기만 해도 공부가 됩니다.

✔ check point!

- 우리말 해석과 원어민 발음을 서로 연관시키면서 듣는다.
- 원어민 발음이 들릴 때까지 반복해서 듣는다.

쓰기

영어 공부의 완성은 쓰기! 손으로 쓰면 우리의 두뇌가 훨씬 더 확실

하게, 오래 기억한다고 합니다. 각 유닛의 뒤쪽에 마련된 빈칸 채우기에 알맞는 단어를 써넣으면서 공부하다 보면 생각보다 영어 문장이 쉽게 외워진다는 사실에 깜짝 놀라실 거예요.

✔ check point!

- 우리말 뜻을 보고 빈칸에 알맞는 단어를 적어넣는다.
- 원어민의 발음을 들으면서 별도로 준비한 노트에 써본다.
- 표현을 최대한 머릿속에 떠올리면서 쓴다.

말하기

듣기만 해서는 절대로 입이 열리지 않습니다. 원어민 발음을 따라 말해보세요. 계속 듣고 말하다 보면 저절로 발음이 자연스러워집니다.

✔ check point!

- 원어민 발음을 들으면서 최대한 비슷하게 따라 읽는다.
- 우리말 해석을 듣고 mp3를 멈춘 다음, 영어 문장을 떠올려 본다.
- 다시 녹음을 들으면서 맞는지 확인한다.

대화 연습

문장을 아는 것만으로는 충분하지 않습니다. 대화를 통해 문장의 쓰임새와 뉘앙스를 아는 것이 무엇보다 중요하기 때문에 6개의 표현마다 Mini Talk를 하나씩 두었습니다.

✔ check point!

- 대화문을 읽고 내용을 확인한다.
- 대화문 녹음을 듣는다.
- 들릴 때까지 반복해서 듣는다.

이 책의 내용

PART

01

I hope you'll be happy.

영어로 읽고
쓰고 말할 수 있고
우리나라 말한다!

인사 표현

안녕하세요! (아침인사)

Good morning!

굿 모닝

안녕하세요! (낮인사)

Good afternoon!

굿 앱터눈

안녕하세요! (저녁인사)

Good evening!

굿 이브닝

안녕히 주무세요!

Good night!

굿 나잇

안녕하세요! / 안녕!

Hello! / Hi!

헬로우 / 하이

좋은 하루 되세요.

Have a nice day!

해버 나이스 데이

다음 문장을 영어로 말할 수 있는지 쓰면서 체크해 보세요.

안녕하세요! (아침인사)
- **Good** [   ] **!**

안녕하세요! (낮인사)
- **Good** [   ] **!**

안녕하세요! (밤인사)
- **Good** [   ] **!**

안녕히 주무세요!
- **Good** [   ] **!**

안녕하세요! / 안녕!
- **Hello! /** [   ] **!**

좋은 하루 되세요.
- **Have a** [   ] **day!**

 Mini Talk

A: **Good morning, Tom.**
굿 모닝, 탐
안녕하세요. 톰.

B: **Good morning, Jane.**
굿 모닝, 제인
안녕하세요. 제인.

어떻게 지내셨어요?

How have you been?

하우 해뷰 빈

어떻게 지내세요?

How are you doing?

하우 알 유 두잉

요즘 어때요?

How's everything?

하우즈 애브리씽

뭐 새로운 소식 있어요?

What's new?

왓츠 뉴

별일 없어요?

What's going on?

왓츠 고잉 온

가족분들은 잘 지내시죠?

How's your family?

하우즈 유얼 패멀리

다음 문장을 영어로 말할 수 있는지 쓰면서 체크해 보세요.

어떻게 지내셨어요?
- **How have you** ☐ **?**

어떻게 지내세요?
- **How are you** ☐ **?**

요즘 어때요?
- **How's** ☐ **?**

뭐 새로운 소식 있어요?
- **What's** ☐ **?**

별일 없어요?
- **What's** ☐ **on?**

가족분들은 잘 지내시죠?
- **How's your** ☐ **?**

 Mini Talk

A: **Hi, Tom. How's it going?**

하이, 탐. 하우즈 잇 고잉

안녕, 톰. 어떻게 지내세요?

B: **Pretty good. And you?**

프리티 굿. 앤듀

아주 잘 지내요. 당신은요?

Unit 03 처음 만났을 때

>> 녹음을 듣고 소리내어 읽어볼까요? <<< 듣기 >>>

만나서 반갑습니다.
I'm glad to meet you.
아임 글랫 투 밋츄

저 역시 만나서 반갑습니다.
Glad to meet you, too.
글랫 투 밋츄, 투

만나서 기뻐요.
Nice to meet you.
나이스 투 밋츄

만나서 반가워요.
Good to meet you.
굿 투 밋츄

만나서 기뻐요.
It's a pleasure to meet you.
잇처 프레줘 투 밋츄

말씀은 많이 들었습니다.
I've heard a lot about you.
아이브 허드 어 랏 어바웃츄

다음 문장을 영어로 말할 수 있는지 쓰면서 체크해 보세요.

만나서 반갑습니다.
- I'm [   ] to meet you.

저 역시 만나서 반갑습니다.
- Glad to meet you, [   ].

만나서 기뻐요.
- [   ] to meet you.

만나서 반가워요.
- [   ] to meet you.

만나서 기뻐요.
- It's a [   ] to meet you.

말씀은 많이 들었습니다.
- I've [   ] a lot about you.

A: **Hi, I'm Jane. Nice to meet you.**

하이, 아임 제인. 나이스 투 밋츄

안녕하세요, 제인이에요. 만나서 반가워요.

B: **Hi, Jane, Pleasure to meet you.**
I'm Tom.

하이, 제인, 프레줘 투 밋츄. 아임 탐

안녕하세요, 제인. 만나서 기뻐요. 난 톰이에요.

오랜만이에요.

It's been a long time.

잇츠 빈 어 롱 타임

정말 오랜만이에요.

It's been so long.

잇츠 빈 쏘 롱

오랜만이야.

Long time no see.

롱 타임 노 씨

그동안 어떻게 지내셨어요?

How have you been?

하우 해뷰 빈

오랜만이네요, 그렇죠?

It's been a long time, hasn't it?

잇츠 빈 어 롱 타임, 해즌팃

다시 만나니 반가워요.

I'm glad to see you again.

아임 글래드 투 씨 유 어게인

다음 문장을 영어로 말할 수 있는지 쓰면서 체크해 보세요.

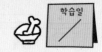

오랜만이에요.
- It's been a ⬜ time.

정말 오랜만이에요.
- It's been so ⬜.

오랜만이야.
- Long time no ⬜.

그동안 어떻게 지내셨어요?
- ⬜ have you been?

오랜만이네요, 그렇죠?
- It's been a long time, ⬜ it?

다시 만나니 반가워요.
- I'm glad to see you ⬜.

 Mini Talk

A: **It's nice to see you again! It's been ages.**
잇츠 나이스 투 씨 유 어게인! 잇츠 빈 에이쥐스
다시 만나서 반가워요. 오랜만이에요.

B: **Same here, Jane.
How have you been?**
쎄임 히얼, 제인. 하우 해뷰 빈
저도요, 제인. 그동안 어떻게 지내셨어요?

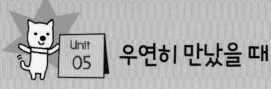
웬일이니!

What a surprise!

와러 서프라이즈

이게 누구야!

Look who's here!

룩 후즈 히얼

세상 정말 좁군요.

What a small world!

와러 스몰 월드

여긴 어쩐 일이세요?

What brings you here?

왓 브링스 유 히얼

당신을 이런 곳에서 만나다니 대박!

Fancy meeting you here!

팬시 미팅 유 히얼

(보고 싶던 참이었는데) 마침 잘 만났어요.

Just the person I wanted to see!

저슷 더 펄슨 아이 원팃 투 씨

다음 문장을 영어로 말할 수 있는지 쓰면서 체크해 보세요.

웬일이니!

• **What a** [ ] **!**

이게 누구야!

• [ ] **who's here!**

세상 정말 좁군요.

• **What a small** [ ] **!**

여긴 어쩐 일이세요?

• **What brings you** [ ] **?**

당신을 이런 곳에서 만나다니 대박!

• [ ] **meeting you here!**

(보고 싶던 참이었는데) 마침 잘 만났어요.

• [ ] **the person I wanted to see!**

 Mini Talk

A: **Look who's here! How are you, Jane?**
룩 후즈 히얼! 하우 알 유, 제인
아니 이게 누구야! 잘 있었어, 제인?

B: **Just fine, Tom. Good to see you again.**
저슷 퐈인, 탐. 굿 투 씨 유 어겐
잘 지내죠, 톰. 다시 만나 반가워요.

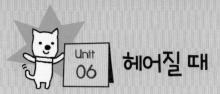

안녕히 가세요(계세요)!

Good Bye!

굿 바이

몸조심하세요.

Take care of yourself.

테익 케어롭 유어셀프

나중에 봐요.

See you later.

씨 유 래이더

또 봐요.

See you around.

씨 유 어롸운드

곧 다시 만나요.

See you again soon.

씨 유 어게인 쑨

브라운에게 안부 전해 줘요.

Say hello to Brown.

쎄이 헬로우 투 브라운

다음 문장을 영어로 말할 수 있는지 쓰면서 체크해 보세요.

안녕히 가세요(계세요)!

- Good ☐ !

몸조심하세요.

- Take care of ☐ .

나중에 봐요.

- See you ☐ .

또 봐요.

- ☐ you around.

곧 다시 만나요.

- See you again ☐ .

브라운에게 안부 전해 줘요.

- ☐ hello to Brown.

 Mini Talk

A: **Good bye, Jane. Say hello to Tom.**
굿 바이, 제인. 쎄이 헬로우 투 탐
잘 있어, 제인. 톰에게 안부 전해줘.

B: **I will. Say hello to Dick, too.**
아이 윌. 쎄이 헬로우 투 딕, 투
그럴게. 딕에게도 내 안부 전해줘.

고마워요.
Thank you. / Thanks.
땡큐 / 땡스

너무 고마워요.
Thanks a lot.
땡스 어 랏

진심으로 감사드립니다.
I heartily thank you.
아이 하틸리 땡큐

와 주셔서 감사합니다.
Thank you for coming.
땡큐 풔 커밍

호의에 감사드립니다.
I appreciate your kindness.
아이 어프리쉬에잇 유얼 카인드니스

도와주셔서 감사합니다.
Thank you for helping me.
땡큐 풔 핼핑 미

다음 문장을 영어로 말할 수 있는지 쓰면서 체크해 보세요.

고마워요.
- Thank you. / [   ].

너무 고마워요.
- Thanks a [   ].

진심으로 감사드립니다.
- I [   ] thank you.

와 주셔서 감사합니다.
- Thank you for [   ].

호의에 감사드립니다.
- I [   ] your kindness.

도와주셔서 감사합니다.
- Thank you for [   ] me.

Mini Talk

A: **Thank you for helping me.**
땡큐 풔 핼핑 미
도와주셔서 고맙습니다.

B: **You're welcome.**
유아 웰컴
천만에요.

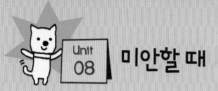

정말 죄송해요.

I'm very sorry.

아임 베리 쏘리

미안해요, 괜찮으세요?

Sorry, are you all right?

쏘리, 알 유 올 롸잇

사과드립니다.

I apologize to you.

아이 어팔러좌이즈 투 유

용서해 주십시오.

Please forgive me.

플리즈 풔깁 미

늦어서 미안해요.

I'm sorry for being late.

아임 쏘리 풔 빙 레잇

제가 한 말에 대해 사죄드립니다.

I apologize for what I said.

아이 어팔러좌이즈 풔 워라이 셋

정말 죄송해요.

● I'm very ☐.

미안해요, 괜찮으세요?

● ☐, are you all right?

사과드립니다.

● I ☐ to you.

용서해 주십시오.

● Please ☐ me.

늦어서 미안해요.

● I'm sorry for being ☐.

제가 한 말에 대해 사죄드립니다.

● I ☐ for what I said.

💬 **Mini Talk**

A: **I'm sorry I'm late.**

아임 쏘리 아임 레잇

늦어서 죄송해요,

B: **That's all right.**

댓츠 올 롸잇

괜찮아요

>> 녹음을 듣고 소리내어 읽어볼까요? <<< 듣기 >>>

축하합니다!

Congratulations!

컹그래춰레이션스

생일 축하해요.

Happy birthday to you!

해피 벌쓰데이 투 유

결혼을 축하해요.

Congratulations on your wedding!

컹그래춰레이션스 온 유얼 웨딩

성공을 축하드립니다.

Congratulations on your success.

컹그래춰레이션스 온 유얼 썩세스

우리의 승리를 자축합시다.

Let's celebrate our victory!

렛츠 샐러브레잇 아워 빅터리

늦었지만 생일 축하해요.

It's late, but happy birthday!

잇츠 레잇, 벗 해피 벌쓰데이

축하합니다!

● [   ]!

생일 축하해요.

● **Happy** [   ] **to you!**

결혼을 축하해요.

● **Congratulations on your** [   ]!

성공을 축하드립니다.

● **Congratulations on your** [   ].

우리의 승리를 자축합시다.

● **Let's celebrate our** [   ]!

늦었지만 생일 축하해요.

● **It's late, but happy** [   ]!

💬 **Mini Talk**

A: **I am happy. I just heard I passed my exam.**

아이 엠 해피. 아이 저슷 허드 패스트 마이 이그잼

행복해. 방금 내가 시험에 합격했다고 들었어.

B: **Congratulations!**

컹그래춰레이션스

축하해!

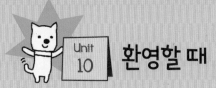

환영합니다!

Welcome!

웰컴

돌아오신 걸 환영합니다.

Welcome back.

웰컴 백

입사를 환영합니다.

Welcome aboard.

웰컴 어보드

한국에 오신 것을 환영합니다.

Welcome to Korea.

웰컴 투 코리어

아무 때나 오세요.

You are welcome at any time.

유 알 웰컴 앳 애니 타임

진심으로 환영합니다.

I welcome you with my whole heart.

아이 웰컴 유 윗 마이 호울 핫ㅌ

환영합니다!

● ⬚!

돌아오신 걸 환영합니다.

● Welcome ⬚.

입사를 환영합니다.

● Welcome ⬚.

한국에 오신 것을 환영합니다.

● Welcome to ⬚.

아무 때나 오세요.

● You are welcome at ⬚ ⬚.

진심으로 환영합니다.

● I welcome you with my whole ⬚.

A: **I'm Jane White. I'm the new recruit here.**

아임 제인 화잇. 아임 더 뉴 리쿠르트 히얼

제인 화이트입니다. 신입사원이에요.

B: **Hi, Jane. Welcome aboard!
I'm Paul Brown.**

하이, 제인. 웰컴 어보드! 아임 폴 브라운

안녕하세요, 제인. 입사를 환영합니다.
저는 폴 브라운이에요.

PART

02

I hope you'll be happy.

대화·의사 표현

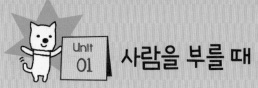

>> 녹음을 듣고 소리내어 읽어볼까요? <<< 듣기 >>>

여보세요.
Hello. / Hi.
헬로우 / 하이

이봐, 자네!
Hey, you!
헤이, 유

저기요.
Waiter! / Waitress!
웨이러 / 웨잇트리스

저(잠깐만요).
Listen. / Look here.
리슨 / 룩 히얼

저, 여보세요? (남자일 경우)
Excuse me, sir?
익스큐즈 미, 써ㄹ

저, 여보세요? (여자일 경우)
Excuse me, ma'am?
익스큐즈미, 맴

다음 문장을 영어로 말할 수 있는지 쓰면서 체크해 보세요.

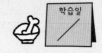

여보세요.
- Hello. / [   ].

이봐, 자네!
- [   ], you!

저기요.
- Waiter! / [   ]!

저(잠깐만요).
- Listen. / Look [   ].

저, 여보세요? (남자일 경우)
- Excuse me, [   ]?

저, 여보세요? (여자일 경우)
- Excuse me, [   ]?

A: Excuse me, ma'am. I think you dropped this.
익스큐즈 미, 맴. 아이 씽큐 드랍트 디스
저기요, 아주머니. 이거 떨어뜨리신 것 같아요.

B: Oh, thanks a lot.
오, 땡스 어 랏
어머, 고마워요.

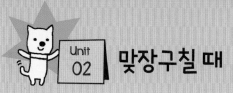

>> 녹음을 듣고 소리내어 읽어볼까요? <<< 듣기 >>>

그래요?

Is that so?

이즈 댓 쏘

맞아요.

Right.

롸잇

알겠어요.

I see.

아이 씨

그거 좋군요.

That's good.

댓츠 굿

아니오, 그렇게 생각지 않아요.

No, I don't think so.

노, 아이 돈ㅌ 씽 쏘

참 안됐네요.

That's too bad.

댓츠 투 뱃

다음 문장을 영어로 말할 수 있는지 쓰면서 체크해 보세요.

그래요?

- Is [ ] so?

맞아요.

- [ ].

알겠어요.

- I [ ].

그거 좋군요.

- That's [ ].

아니오, 그렇게 생각지 않아요.

- No, I don't think [ ].

참 안됐네요.

- That's too [ ].

 Mini Talk

A: **I'm proud of my job.**
아임 프라우드 옵 마이 잡
난 내 직업에 자부심이 있어요.

B: **Are you?**
알 유
그래요?

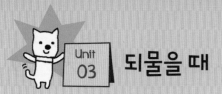

Unit 03 되물을 때

>> 녹음을 듣고 소리내어 읽어볼까요? <<< 듣기 >>>

뭐라고요?

Excuse me?

익스큐즈 미

뭐라고?

What?

왓

다시 말씀해 주시겠어요?

Beg your pardon?

백 유얼 파든

다시 한 번 말씀해 주십시오.

Please say that again.

플리즈 쎄이 댓 어게인

뭐라고 했지?

You said what?

유 쎄드 왓

방금 뭐라고 말씀하셨죠?

What did you say just now?

왓 디쥬 쎄이 저슷 나우

다음 문장을 영어로 말할 수 있는지 쓰면서 체크해 보세요.

뭐라고요?

● ▢ me?

뭐라고?

● ▢ ?

다시 말씀해 주시겠어요?

● **Beg your** ▢ ?

다시 한 번 말씀해 주십시오.

● **Please** ▢ **that again.**

뭐라고 했지?

● **You said** ▢ ?

방금 뭐라고 말씀하셨죠?

● **What did you** ▢ **just now?**

Mini Talk

A: **I'm going to New York next week.**

아임 고잉 투 뉴욕 넥슷 윅

다음 주에 뉴욕에 갈 거야.

B: **Going where?**

고잉 웨얼

어디에 간다고?

>> 녹음을 듣고 소리내어 읽어볼까요? <<< 듣기 >>>

질문 있습니다.

I have a question.

아이 해버 퀘스쳔

질문 하나 해도 될까요?

May I ask you a question?

메아이 애스큐 어 퀘스쳔

누구한테 물어봐야 되죠?

Who should I ask?

후 슈다이 애슥

질문 있습니까?

Do you have any question?

두 유 해버니 퀘스쳔

다른 질문 있으세요?

Are there any other questions?

알 데어래니 아덜 퀘스쳔즈

이것을 영어로 뭐라고 하죠?

What's this called in English?

왓츠 디스 콜드 인 잉글리쉬

질문 있습니다.

- I have a [   ].

질문 하나 해도 될까요?

- May I [   ] you a question?

누구한테 물어봐야 되죠?

- Who should I [   ]?

질문 있습니까?

- Do you have any [   ]?

다른 질문 있으세요?

- Are there [   ] [   ] questions?

이것을 영어로 뭐라고 하죠?

- What's this [   ] in English?

Mini Talk

A: **May I ask you a question?**
메아이 애스큐 어 퀘스쳔
질문 하나 해도 될까요?

B: **Sure.**
슈얼
물론이죠.

부탁 하나 해도 될까요?

May I ask you a favor?

메아이 애스큐 어 페이버

제 부탁 좀 들어주시겠어요?

Would you do me a favor?

우쥬 두 미 어 페이버

부탁이 있어요.

I need a favor.

아이 니더 페이버

조용히 좀 해주시겠어요?

Would you please be quiet?

우쥬 플리즈 비 콰이엇

당신과 얘기 좀 해도 될까요?

May I have a word with you?

메아이 해버 워드 위듀

문 좀 열어주시겠어요?

Would you please open the door?

우쥬 플리즈 오픈 더 도어

다음 문장을 영어로 말할 수 있는지 쓰면서 체크해 보세요.

부탁 하나 해도 될까요?

- May I ask you a ⬚ ?

제 부탁 좀 들어주시겠어요?

- ⬚ you do me a favor?

부탁이 있어요.

- I ⬚ a favor.

조용히 좀 해주시겠어요?

- Would you please be ⬚ ?

당신과 얘기 좀 해도 될까요?

- May I have a ⬚ with you?

문 좀 열어주시겠어요?

- Would you ⬚ open the door?

 Mini Talk

A: **May I ask you a favor?**
메아이 애스큐 어 페이버
부탁 하나 해도 될까요?

B: **Sure. What is it?**
슈얼. 와리즈 잇
물론이죠. 먼데요?

커피 한 잔 드시겠어요?

Would you like a cup of coffee?

우쥬 라이커 커펍 커피

걸어갑시다.

Let's walk.

렛츠 월ㅋ

우리 그 문제는 곰곰이 생각해 보기로 해요.

I suggest we sleep on it.

아이 서제스트 위 슬리포닛

산책하러 가는 게 어때요?

How about going for a walk?

하우 어바웃 고잉 풔러 월ㅋ

저희와 합석하시겠어요?

Would you join us?

우쥬 조이너스

그에게 얘기하지 그래요?

Why don't you tell him?

와이 돈츄 텔 힘

다음 문장을 영어로 말할 수 있는지 쓰면서 체크해 보세요.

커피 한 잔 드시겠어요?

- **Would you like a cup of** ⬚ **?**

걸어갑시다.

- **Let's** ⬚ **.**

우리 그 문제는 곰곰이 생각해 보기로 해요.

- **I** ⬚ **we sleep on it.**

산책하러 가는 게 어때요?

- **How about going for a** ⬚ **?**

저희와 합석하시겠어요?

- **Would you** ⬚ **us?**

그에게 얘기하지 그래요?

- **Why don't you** ⬚ **him?**

 Mini Talk

A: **Let's eat out tonight, shall we?**
렛츠 잇 아웃 투나잇, 쉘 위
오늘밤 외식하러 갈까요?

B: **Oh, I'd love to.**
오, 아이드 럽 투
아, 좋지요.

좀 도와주실래요?

Can you help me?

캔 유 핼프 미

좀 도와주시겠어요?

Could you give me a hand?

쿠쥬 깁 미 어 핸드

좀 지나가도 될까요?

May I get through?

메아이 겟 쓰루

휴대폰 좀 써도 될까요?

Could I use the cellphone?

쿠다이 유즈 더 셀포운

여기 앉아도 되겠습니까?

Do you mind if I sit here?

두 유 마인드 이파이 씻 히얼

물 좀 갖다 주시겠어요?

Could you bring me some water?

쿠쥬 브링 미 썸 워러

다음 문장을 영어로 말할 수 있는지 쓰면서 체크해 보세요.

좀 도와주실래요?

- **Can you** [   ] **me?**

좀 도와주시겠어요?

- **Could you give me a** [   ] **?**

좀 지나가도 될까요?

- **May I get** [   ] **?**

휴대폰 좀 써도 될까요?

- **Could I use the** [   ] **?**

여기 앉아도 되겠습니까?

- **Do you mind if I** [   ] **here?**

물 좀 갖다 주시겠어요?

- **Could you bring me some** [   ] **?**

A: **Can you help me move the desk?**

캔 유 핼프 미 무브 더 데스크

책상 옮기는 것 좀 도와줄래?

B: **Yes, of course.**

예스, 옵 코스

물론이지.

다른 의견은 없습니까?

Have you any idea?

해뷰 애니 아이디어

그녀에 대해 어떻게 생각하세요?

How do you think about her?

하우 두 유 씽커바웃 헐

내 프로젝트에 대해 어떻게 생각하세요?

What do you think of my project?

왓 두 유 씽콥 마이 프러젝

바로 그겁니다.

That's it!

댓츠 잇

당신 말에도 일리가 있어요.

You may have a point.

유 메이 해버 포인트

정말 좋은 생각이군요.

What a good idea!

와러 굿 아이디어

다음 문장을 영어로 말할 수 있는지 쓰면서 체크해 보세요.

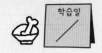

다른 의견은 없습니까?

- **Have you any** ▢ **?**

그녀에 대해 어떻게 생각하세요?

- **How do you** ▢ **about her?**

내 프로젝트에 대해 어떻게 생각하세요?

- **What do you think of my** ▢ **?**

바로 그겁니다.

- ▢ **it!**

당신 말에도 일리가 있어요.

- **You may have a** ▢ **.**

정말 좋은 생각이군요.

- **What a good** ▢ **!**

Mini Talk

A: **Don't you think the coffee here is good?**

돈츄 씽크 더 커피 히어리즈 굿

여기 커피 맛있는 것 같지 않니?

B: **Yeah, here is gonna be my favorite place.**

예-, 히어리즈 가너 비 마이 페이버릿 플레이스

응, 이제 여기 자주 와야겠어.

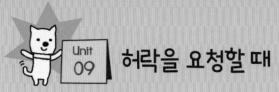

여기 앉아도 될까요?

May I sit here?

메아이 씻 히얼

이거 가져도 돼요?

May I take this?

메아이 테익 디스

들어가도 될까요?

May I come in?

메아이 커민

먼저 일어나도 될까요?

May I be excused?

메아이 비 익스큐즈드

(괜찮다면) 당신 컴퓨터를 사용해도 될까요?

May I use your computer?

메아이 유쥬얼 컴퓨터

얘기를 계속해도 될까요?

May I go on?

메아이 고 온

다음 문장을 영어로 말할 수 있는지 쓰면서 체크해 보세요.

여기 앉아도 될까요?
- May I ⬜ here?

이거 가져도 돼요?
- May I ⬜ this?

들어가도 될까요?
- May I ⬜ in?

먼저 일어나도 될까요?
- May I be ⬜ ?

(괜찮다면) 당신 컴퓨터를 사용해도 될까요?
- May I ⬜ your computer?

얘기를 계속해도 될까요?
- May I ⬜ on?

 Mini Talk

A: **May I take this?**
메아이 테익 디스
이걸 가져가도 될까요?

B: **Yes, of course.**
예스, 옵 코스
예, 물론이죠.

장래 희망이 뭐예요?

What do you hope for?

왓 두 유 홉 풔

꿈이 뭐예요?

What's your dream?

왓츠 유얼 드림

나는 가수가 되고 싶어요.

I want to be a singer.

아이 원투 비 어 싱어

다시 만나기 바랍니다.

I hope to see you again.

아이 홉 투 씨 유 어게인

즐거운 크리스마스 되세요.

I wish you a Merry Christmas.

아이 위시 유 어 메리 크리스마스

영어를 잘하고 싶어요.

I want to be good in English.

아이 원투 비 굿 인 잉글리쉬

다음 문장을 영어로 말할 수 있는지 쓰면서 체크해 보세요.

장래 희망이 뭐예요?

- **What do you** ⬜ **for?**

꿈이 뭐예요?

- **What's your** ⬜ **?**

나는 가수가 되고 싶어요.

- **I want to be a** ⬜ **.**

다시 만나기 바랍니다.

- **I** ⬜ **to see you again.**

즐거운 크리스마스 되세요.

- **I** ⬜ **you a Merry Christmas.**

영어를 잘하고 싶어요.

- **I want to be good in** ⬜ **.**

 Mini Talk

A: **Where would you like to go?**
웨얼 우쥬 라익 투 고
어디에 가고 싶으세요?

B: **I'd like to go to London or Paris.**
아이드 라익 투 고 투 런던 오어 패리스
런던이나 파리에 가고 싶습니다.

PART

03

I hope you'll be happy.

자기소개 표현

국적이 어디세요?

What's your nationality?

왓츄어 내셔낼러티

어디서 오셨어요?

Where did you come from?

웨어 디쥬 컴 프럼

어디서 자라셨어요?

Where did you grow up?

웨어 디쥬 그로우 업

서울 토박입니다.

I was born and bred in Seoul.

아이 워즈 본 앤 브레드 인 서울

나이가 어떻게 되세요?

How old are you?

하우 올드 알 유

지금 어디 사세요?

Where do you live now?

웨어 두 유 립 나우

다음 문장을 영어로 말할 수 있는지 쓰면서 체크해 보세요.

국적이 어디세요?

- **What's your** [   ] **?**

어디서 오셨어요?

- **Where did you** [   ] **from?**

어디서 자라셨어요?

- **Where did you** [   ] **up?**

서울 토박입니다.

- **I was** [   ] **and bred in Seoul.**

나이가 어떻게 되세요?

- **How** [   ] **are you?**

지금 어디 사세요?

- **Where do you** [   ] **now?**

Mini Talk

A: **Where are you from?**

웨어라 유 프럼

어디서 오셨어요?

B: **I'm from Seoul.**

아임 프럼 서울

서울에서요.

Unit 02 가족에 대해 말할 때

>> 녹음을 듣고 소리내어 읽어볼까요? <<< 듣기 >>>

우리는 대가족입니다.

We have a large family.

위 해버 라쥐 패멀리

부모님과 함께 사세요?

Do you live with your parents?

두 유 립 위듀얼 패어런츠

아이들은 몇 명이나 됩니까?

How many children do you have?

하우 메니 췰드런 두 유 햅

3살짜리 아들이 하나 있어요.

I have a 3-year-old boy.

아이 해버 쓰리 이어 올드 보이

가족이 몇 분이세요?

How many people are there in your family?

하우 메니 피플 알 데어린 유얼 패멀리

우린 네 식구예요.

There are four in my family.

데어라 풔린 마이 패멀리

다음 문장을 영어로 말할 수 있는지 쓰면서 체크해 보세요.

우리는 대가족입니다.

- **We have a large** ⬜ **.**

부모님과 함께 사세요?

- **Do you live with your** ⬜ **?**

아이들은 몇 명이나 됩니까?

- **How many** ⬜ **do you have?**

3살짜리 아들이 하나 있어요.

- **I have a 3-year-old** ⬜ **.**

가족이 몇 분이세요?

- **How many** ⬜ **are there in your family?**

우린 네 식구예요.

- **There are** ⬜ **in my family.**

Mini Talk

A: **Are you the eldest child in your family?**

알 유 디 엘디스트 차일드 유얼 패멀리

장남이세요?

B: **No, I'm not. I'm the only child.**

노, 아임 낫. 아임 디 온리 차일드

아니에요. 저는 외아들이에요.

학교는 어디서 다니셨어요?

Where did you go to school?

웨얼 디쥬 고 투 스쿨

어느 학교에 다니세요?

Where do you go to school?

웨얼 두 유 고 투 스쿨

몇 학년이세요?

What year are you in?

왓 이어 알 유 인

우리는 같은 학교 나온 동문입니다.

We went to the same school.

위 웬투 더 쎄임 스쿨

대학교 때 전공이 무엇이었어요?

What was your major at college?

왓 워즈 유얼 메이저 앳 칼리쥐

어떤 학위를 가지고 계십니까?

What degree do you have?

왓 디그리 두 유 햅

다음 문장을 영어로 말할 수 있는지 쓰면서 체크해 보세요.

학교는 어디서 다니셨어요?

- **Where did you go to** ⬚ **?**

어느 학교에 다니세요?

- **Where do you go to** ⬚ **?**

몇 학년이세요?

- **What** ⬚ **are you in?**

우리는 같은 학교 나온 동문입니다.

- **We went to the** ⬚ **school.**

대학교 때 전공이 무엇이었어요?

- **What was your** ⬚ **at college?**

어떤 학위를 가지고 계십니까?

- **What** ⬚ **do you have?**

💬 **Mini Talk**

A: **Where do you go to school?**

웨얼 두 유 고 투 스쿨

어느 학교에 다니세요?

B: **I go to NS University.**

아이 고 투 엔에스 유니벌써티

NS 대학에 다닙니다.

>> 녹음을 듣고 소리내어 읽어볼까요? <<< 듣기 >>>

학교생활은 재미있나요?

Do you have fun in school?

두 유 햅 펀 인 스쿨

나 또 지각이야.

I'm late for class again.

아임 레잇 풔 클래스 어겐

시험을 망쳤어요.

I messed up on my test.

아이 메스트 어폰 마이 테슷

오늘은 수업이 없어요.

There is no class today.

데어리즈 노 클래스 투데이

아르바이트 자리가 있나요?

Do you have a part time job?

두 유 해버 팟 타임 잡

게시판에 뭐라고 쓰여 있는 거예요?

What does the board say?

왓 더즈 더 보드 쎄이

다음 문장을 영어로 말할 수 있는지 쓰면서 체크해 보세요.

학교생활은 재미있나요?

- Do you have ___ in school?

나 또 지각이야.

- I'm ___ for class again.

시험을 망쳤어요.

- I ___ up on my test.

오늘은 수업이 없어요.

- There is no ___ today.

아르바이트 자리가 있나요?

- Do you have a part time ___ ?

게시판에 뭐라고 쓰여 있는 거예요?

- What does the ___ say?

A: **Why weren't you in class?**
와이 원트 유 인 클래스
왜 수업에 오지 않았니?

B: **Because I had a stomachache.**
비커즈 아이 해더 스텀에익
배탈이 나서요.

어느 회사에 근무하세요?

What company are you with?

왓 컴퍼니 알 유 윗

어느 부서에서 근무하세요?

Which department do you work in?

위치 디파트먼트 두 유 워킨

직책이 무엇입니까?

What's your job title?

왓츠 유얼 잡 타이틀

어떤 일을 맡고 계세요?

What are you in charge of?

워라 유 인 차쥐 옵

여기에서 얼마나 근무하셨어요?

How long have you worked here?

하우 롱 해뷰 웍트 히얼

직장까지 얼마나 걸리죠?

How long does it take you to get to work?

하우 롱 더짓 테이큐 투 겟 투 웍

다음 문장을 영어로 말할 수 있는지 쓰면서 체크해 보세요.

어느 회사에 근무하세요?

- **What** [ ] **are you with?**

어느 부서에서 근무하세요?

- **Which** [ ] **do you work in?**

직책이 무엇입니까?

- **What's your job** [ ] **?**

어떤 일을 맡고 계세요?

- **What are you in** [ ] **of?**

여기에서 얼마나 근무하셨어요?

- **How long have you** [ ] **here?**

직장까지 얼마나 걸리죠?

- **How long does it take you to get to** [ ] **?**

 Mini Talk

A: **What kind of company are you with?**

왓 카인돕 컴퍼니 알 유 윗

어떤 회사에서 일하세요?

B: **A trading company.**

어 트레이딩 컴퍼니

무역회사요.

언제 입사하셨어요?

When did you join the company?

웬 디쥬 조인 더 컴퍼니

근무 시간이 어떻게 됩니까?

What are your office hours?

워라 유얼 오피스 아워즈

몇 시에 퇴근하세요?

When do you get off?

웬 두 유 게롭

내일은 쉬어요.

I'll be off tomorrow.

아일 비 옵 터머러우

당신 회사에서는 점심시간이 몇 시죠?

What time is lunch at your company?

왓 타임 이즈 런치 앳 유얼 컴퍼니

저는 오늘밤 야근이에요.

I'm on duty tonight.

아임 온 듀티 투나잇

다음 문장을 영어로 말할 수 있는지 쓰면서 체크해 보세요.

언제 입사하셨어요?

- **When did you** ⬚ **the company?**

근무 시간이 어떻게 됩니까?

- **What are your** ⬚ **hours?**

몇 시에 퇴근하세요?

- **When do you get** ⬚ **?**

내일은 쉬어요.

- **I'll be off** ⬚ **.**

당신 회사에서는 점심시간이 몇 시죠?

- **What time is** ⬚ **at your company?**

저는 오늘밤 야근이에요.

- **I'm on** ⬚ **tonight.**

 Mini Talk

A: **Are you happy with your present job?**
알 유 해피 윗 유얼 프레즌트 잡
지금 직장에 만족하세요?

B: **Yes, but I'm not always happy.**
예스, 벗 아임 낫 올웨이즈 해피
네, 하지만 늘 그런 건 아니에요.

>> 녹음을 듣고 소리내어 읽어볼까요? <<< 듣기 >>>

어디 사세요?

Where do you live?

웨얼 두 유 립

그곳에서 얼마나 사셨어요?

How long have you lived there?

하우 롱 해뷰 립드 데얼

주소가 어떻게 됩니까?

What's your address?

왓츄얼 어드레스

직장까지 시간이 얼마나 걸려요?

How long does it take you to get to work?

하우 롱 더짓 테이큐 투 겟 투 웍

전 아주 작은 도시에 살아요.

I live in a very small town.

아이 립 인 어 베리 스몰 타운

저는 고층 아파트에서 살아요.

I live in a high-rise apartment house.

아이 립 인 어 하이-라이즈 어파트먼트 하우스

다음 문장을 영어로 말할 수 있는지 쓰면서 체크해 보세요.

어디 사세요?

- **Where do you** ⬚ **?**

그곳에서 얼마나 사셨어요?

- **How** ⬚ **have you lived there?**

주소가 어떻게 됩니까?

- **What's your** ⬚ **?**

직장까지 시간이 얼마나 걸려요?

- **How long does it** ⬚ **you to get to work?**

전 아주 작은 도시에 살아요.

- **I live in a very small** ⬚ **.**

저는 고층 아파트에서 살아요.

- **I** ⬚ **in a high-rise apartment house.**

 Mini Talk

A: **Where do you live?**
웨얼 두 유 립
어디 사세요?

B: **I live in the suburbs of Seoul.**
아이 립 인 더 서법스 옵 서울
서울 근교에서 살아요.

사귀는 사람 있니?

Are you seeing anyone?

알 유 씨잉 애니원

우린 좋은 친구 사이야.

We're good friends.

위아 굿 프렌즈

그녀는 그냥 친구야.

She's just a friend.

쉬즈 저슷터 프렌드

어떤 사람이 이상형이에요?

What's your type?

왓츠 유얼 타입

나랑 데이트할래?

Would you like to go out with me?

우쥬 라익 투 고우 아웃 윗 미

그들은 연애 중이죠?

Are they an item?

알 데이 언 아이템

사귀는 사람 있니?

- **Are you** [   ] **anyone?**

우린 좋은 친구 사이야.

- **We're** [   ] **friends.**

그녀는 그냥 친구야.

- **She's** [   ] **a friend.**

어떤 사람이 이상형이에요?

- **What's your** [   ] **?**

나랑 데이트할래?

- **Would you like to go out** [   ] **me?**

그들은 연애 중이죠?

- **Are they an** [   ] **?**

A: **Are you seeing anyone?**

알 유 씨잉 애니원

사귀는 사람 있어요?

B: **Not at the moment,**
   unfortunately.

낫 앳 더 모먼ㅌ, 언퍼춰너틀리

불행히도 지금은 없어요.

나랑 결혼해 줄래?

Will you marry me?

윌 유 메리 미

난 연애결혼하고 싶어요.

I'd like to marry for love.

아이드 라익 투 메리 풔 럽

그는 중매 결혼했어요.

He got married by arrangement.

히 갓 메리드 바이 어랜지먼ㅌ

기혼이세요, 미혼이세요?

Are you married or single?

알 유 메리드 오어 싱글

언제 결혼하셨어요?

When did you get married?

웬 디쥬 겟 메리드

난 이혼했어요.

I'm divorced.

아임 디보스ㅌ

다음 문장을 영어로 말할 수 있는지 쓰면서 체크해 보세요.

나랑 결혼해 줄래?

• Will you ☐ me?

난 연애결혼하고 싶어요.

• I'd like to marry for ☐ .

그는 중매 결혼했어요.

• He got married by ☐ .

기혼이세요, 미혼이세요?

• Are you married or ☐ ?

언제 결혼하셨어요?

• When did you get ☐ ?

난 이혼했어요.

• I'm ☐ .

A: **Are you married?**
알 유 메리드
결혼하셨어요?

B: **No, I'm not.**
노, 아임 낫
안 했습니다.

결혼생활은 어때요?

How's the married life?

하우즈 더 메리드 라이프

우린 곧잘 싸워요.

We fight a lot.

위 파잇 어랏

우리는 금실이 좋아요.

We are happily married.

위아 해필리 메리드

아내는 임신 중이에요.

My wife is expecting.

마이 와이프 이즈 익스펙팅

아이가 둘 있어요.

I have two children.

아이 햅 투 칠드런

집안일은 반반씩 분담하기로 했어요.

We agreed we'd share the housework fifty-fifty.

위 어그리드 위드 쉐어 더 하우스웍 피프티-피프티

다음 문장을 영어로 말할 수 있는지 쓰면서 체크해 보세요.

결혼생활은 어때요?

- **How's the married** ⬚ **?**

우린 곧잘 싸워요.

- **We** ⬚ **a lot.**

우리는 금실이 좋아요.

- **We are** ⬚ **married.**

아내는 임신 중이에요.

- **My wife is** ⬚ **.**

아이가 둘 있어요.

- **I have two** ⬚ **.**

집안일은 반반씩 분담하기로 했어요.

- **We agreed we'd share the** ⬚ **fifty-fifty.**

 Mini Talk

A: **My wife is expecting.**

마이 와입 이즈 익스펙팅

아내가 임신했어요.

B: **Oh, is she? Congratulations!**

오, 이즈 쉬? 컹그래춰레이션스

그래요? 축하합니다!

PART

04

I hope you'll be happy.

감정 표현

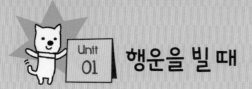

행운을 빌게요.

Good luck to you.

굿 럭 투 유

신의 축복이 있기를!

God bless you!

갓 블레스 유

성공을 빕니다.

May you succeed!

메이 유 썩시드

행복하길 빌겠습니다.

I hope you'll be happy.

아이 홉 유일 비 해피

새해 복 많이 받으세요.

Happy new year!

해피 뉴 이얼

즐거운 크리스마스 보내세요.

Merry Christmas!

메리 크리스마스

다음 문장을 영어로 말할 수 있는지 쓰면서 체크해 보세요.

행운을 빌게요.

- Good ☐ to you.

신의 축복이 있기를!

- ☐ bless you!

성공을 빕니다.

- May you ☐ !

행복하길 빌겠습니다.

- I hope you'll be ☐ .

새해 복 많이 받으세요.

- Happy new ☐ !

즐거운 크리스마스 보내세요.

- ☐ Christmas!

Mini Talk

A: **Good-bye, Jane. Good luck!**

굿-바이, 제인. 굿 럭

잘가요, 제인. 행운을 빌어요.

B: **Thanks. You, too!**

땡스. 유, 투

고마워요. 당신도요!

Unit 02 기쁘거나 즐거울 때

>> 녹음을 듣고 소리내어 읽어볼까요? <<< 듣기 >>>

기뻐요!

I'm happy!

아임 해피

정말 기분 좋아요.

It really feels great.

잇 리얼리 필스 그레잇

당신 때문에 행복해요.

I'm happy for you.

아임 해피 풔 유

오늘 기분이 완전 최고예요.

I'm so happy today.

아임 쏘 해피 투데이

당신과 함께 있으면 즐겁습니다.

You're fun to be around.

유아 펀 투 비 어라운

멋질 것 같아요!

That would be nice!

댓 우드 비 나이스

다음 문장을 영어로 말할 수 있는지 쓰면서 체크해 보세요.

기뻐요!

- I'm [ ] !

정말 기분 좋아요.

- It really [ ] great.

당신 때문에 행복해요.

- I'm [ ] for you.

오늘 기분이 완전 최고예요.

- I'm so happy [ ].

당신과 함께 있으면 즐겁습니다.

- You're [ ] to be around.

멋질 것 같아요!

- That would be [ ] !

 Mini Talk

A: **Tom, I'm walking on air now.**

탐, 아임 워킹 온 에어 나우

톰, 전 지금 정말 기분이 좋아요.

B: **What makes you so happy, Jane?**

왓 메익스 유 쏘 해피, 제인

뭐가 그렇게 좋아요, 제인?

대단하군요!

Great!

그레잇

잘 하시는군요.

You're doing well!

유아 두잉 웰

정말 훌륭하군요!

How marvelous!

하우 말버러스

패션 감각이 뛰어나시군요.

You have an eye for fashion.

유 해번 아이 풔 패션

시험을 참 잘 봤네.

You did a good job on your exams.

유 디더 굿 잡 온 유얼 이그잼스

과찬의 말씀입니다.

I'm so flattered.

아임 소 플래터드

다음 문장을 영어로 말할 수 있는지 쓰면서 체크해 보세요.

대단하군요!

● ⬚⬚⬚⬚ !

잘 하시는군요.

● You're ⬚⬚⬚ well!

정말 훌륭하군요!

● How ⬚⬚⬚⬚ !

패션 감각이 뛰어나시군요.

● You have an eye for ⬚⬚⬚⬚ .

시험을 참 잘 봤네.

● You did a good job on your ⬚⬚⬚ .

과찬의 말씀입니다.

● I'm so ⬚⬚⬚⬚ .

Mini Talk

A: **It looks very good on you.**

잇 룩스 베리 굿 온 유

참 잘 어울리는군요.

B: **Thanks for your compliment.**

땡스 풔 유얼 캄플리먼트

칭찬해 주시니 감사합니다.

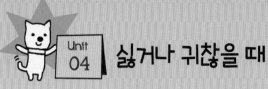

싫어요!

No deal!

노우 딜

듣고 싶지 않아요.

I don't want to hear it.

아이 돈ㅌ 원투 히어릿

그럴 기분이 아니에요.

I don't feel like it.

아이 돈ㅌ 필 라이킷

질렸어.

I'm sick of it.

아임 씩 오핏

귀찮게 좀 굴지 말아요.

Stop bothering me.

스탑 보더링 미

그만 좀 해!

Give me a break!

깁 미 어 브레익

싫어요!

- No [   ] !

듣고 싶지 않아요.

- I don't want to [   ] it.

그럴 기분이 아니에요.

- I don't [   ] like it.

질렸어.

- I'm [   ] of it.

귀찮게 좀 굴지 말아요.

- Stop [   ] me.

그만 좀 해!

- Giv me a [   ] !

Mini Talk

A: **I'm tired of this job.**

아임 타이어드 옵 디스 잡

이 일에 질렸어.

B: **There you go again.**

데얼 유 고 어겐

또 시작이야.

Unit 05 실망하거나 후회할 때

>> 녹음을 듣고 소리내어 읽어볼까요? <<< 듣기 >>>

이건 아니죠!

This is all wrong!

디시즈 올 렁

당신한테 실망했어요.

I am disappointed in you.

아이 엠 디스어포인티드 인 유

영어 공부를 했어야 했는데.

I should have studied English.

아이 슛 햅 스터디드 잉글리쉬

그 말은 하지 말았어야 했는데.

I shouldn't have said that.

아이 슈든ㅌ 햅 샛 댓

이미 엎질러진 물이에요.

It's no use crying over spilt milk.

잇츠 노우 유즈 크라잉 오버 스필트 밀크

놓치면 후회할 거예요.

If you miss it, you'll regret it.

이퓨 미씻, 유일 리그레팃

다음 문장을 영어로 말할 수 있는지 쓰면서 체크해 보세요.

이건 아니죠!

- **This is all** _____!

당신한테 실망했어요.

- **I am** _____ **in you.**

영어 공부를 했어야 했는데.

- **I should have** _____ **English.**

그 말은 하지 말았어야 했는데.

- **I shouldn't have** _____ **that.**

이미 엎질러진 물이에요.

- **It's no use crying over** _____ **milk.**

놓치면 후회할 거예요.

- **If you** _____ **it, you'll regret it.**

Mini Talk

A: **Did you enjoy the boxing match?**

디쥬 인죠이 더 박싱 매치

권투시합 재미있었니?

B: **Not particularly.**
It disappointed me.

낫 퍼티컬러리. 잇 디스어포인팃 미

별로야, 실망했어.

Unit 06 화날 때

>> 녹음을 듣고 소리내어 읽어볼까요? <<< 듣기 >>>

미치겠네!

Drive me nuts!

드라입 미 넛츠

말도 안돼(끔찍해).

That's awful!

댓츠 오우플

충격이다!

I'm so mad!

아임 쏘 맷

더 이상은 못 참아.

I can't stand any more.

아이 캔트 스탠 애니 모어

그만 좀 해.

That is enough.

댓 이즈 이넙

열 받게 하네!

That burns me up!

댓 번즈 미 업

다음 문장을 영어로 말할 수 있는지 쓰면서 체크해 보세요.

미치겠네!

● Drive me [ ]!

말도 안돼(끔찍해).

● That's [ ]!

충격이다!

● I'm so [ ]!

더 이상은 못 참아.

● I can't [ ] any more.

그만 좀 해.

● That is [ ].

열 받게 하네!

● That [ ] me up!

A: **Are you still mad at me?**

알 유 스틸 매댓 미

아직도 나한테 화났어요?

B: **It's okay now, I understand.**

잇츠 오케이 나우, 아이 언더스탠드

이제 괜찮아요. 이해합니다.

우울해요.

I'm depressed.

아임 디프레스트

외로워요.

I'm lonely.

아임 로운리

비참해요.

I feel miserable.

아이 필 미저러블

기분이 별로예요(좋지 않아요).

I feel bad.

아이 필 뱃

울고 싶은 심정이에요.

I feel like crying.

아이 필 라익 크라잉

앞날이 캄캄해요.

I have no hope for my future.

아이 햅 노 홉 풔 마이 퓨춰

다음 문장을 영어로 말할 수 있는지 쓰면서 체크해 보세요.

우울해요.

- I'm [   ].

외로워요.

- I'm [   ].

비참해요.

- I feel [   ].

기분이 별로예요(좋지 않아요).

- I feel [   ].

울고 싶은 심정이에요.

- I feel like [   ].

앞날이 캄캄해요.

- I have no hope for my [   ].

Mini Talk

A: **I hate the sad ending.**

아이 헤잇 더 샛 엔딩

난 새드 앤딩은 싫어요.

B: **So do I.**

쏘 두 아이

나도 그래요.

>> 녹음을 듣고 소리내어 읽어볼까요? <<< 듣기 >>>

정말 놀랍군요!

How surprising!

하우 써프라이징

훌륭하네요!

That's great!

댓츠 그레잇

정말이야(진심이야)?

Are you serious?

알 유 시리어스

믿을 수 없어!

That's incredible!

댓츠 인크레더블

정말 놀랍지 않아요?

That's amazing, isn't it?

댓츠 어메이징, 이즌팃

난 새로운 변화가 두려워요.

I'm afraid of new changes.

아임 어프레이돕 뉴 체인지즈

다음 문장을 영어로 말할 수 있는지 쓰면서 체크해 보세요.

정말 놀랍군요!

- How [ ] !

훌륭하네요!

- That's [ ] !

정말이야(진심이야)?

- Are you [ ] ?

믿을 수 없어!

- That's [ ] !

정말 놀랍지 않아요?

- That's [ ] , isn't it?

난 새로운 변화가 두려워요.

- I'm afraid of new [ ] .

Mini Talk

A: **Let's go into the water.**

렛츠 고 인투 더 워러

물속으로 들어가자.

B: **I can't. I'm afraid of water.**

아이 캔ㅌ. 아임 어프레이드 옵 워러

난 못해. 난 물이 무서워.

우울해 보이네요.
You look down.
유 룩 다운

무슨 일이세요?
What's wrong?
왓츠 렁

뭐가 잘못됐나요?
Is anything wrong?
이즈 애니씽 렁

걱정하지 마세요.
Don't worry.
돈ㅌ 워리

걱정할 것 없어요.
You have nothing to worry about.
유 햅 낫씽 투 워리 어바웃

너무 심각하게 받아들이지 마세요.
Don't take it seriously.
돈ㅌ 테잇킷 시어리어슬리

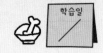

우울해 보이네요.

- You look ⬚ .

무슨 일이세요?

- What's ⬚ ?

뭐가 잘못됐나요?

- Is ⬚ wrong?

걱정하지 마세요.

- Don't ⬚ .

걱정할 것 없어요.

- You have nothing to ⬚ about.

너무 심각하게 받아들이지 마세요.

- Don't take it ⬚ .

Mini Talk

A: **What's wrong with you?**
   You look so down today.

왓츠 렁 윗 유? 유 룩 쏘 다운 투데이

왜 그래? 오늘 너무 우울해 보이네.

B: **I failed the English exam again.**

아이 페일드 디 잉글리쉬 이그잼 어겐

영어시험을 또 낙제했거든요.

불안하거나 긴장될 때

어떡해!

What should I do.

왓 슈다이 두

저 뭐 해야 돼요?

What am I supposed to do?

와램 아이 서포즛 투 두

초조해요.

I'm anxious.

아임 앵셔스

긴장돼요.

I'm nervous.

아임 너버스

불안해요.

I feel insecure.

아이 필 인시큐어

진정하세요.

Calm down.

캄 다운

어떡해!
- **What should I** ⬜ **.**

저 뭐 해야 돼요?
- **What am I** ⬜ **to do?**

초조해요.
- **I'm** ⬜ **.**

긴장돼요.
- **I'm** ⬜ **.**

불안해요.
- **I feel** ⬜ **.**

진정하세요.
- **Calm** ⬜ **.**

A: **Are you nervous?**
알 유 너버스
긴장되니?

B: **Yes, I have butterflies in my stomach.**
에스, 아이 햅 버터플라이즈 인 마이 스터먹
그래, 가슴이 막 두근거려.

PART

05

I hope you'll be happy.

화제 표현

컨디션은 어때요?

How do you feel?

하우 두 유 필

건강은 어떠세요?

How is your health?

하우 이즈 유얼 핼스

컨디션이 안 좋아요.

I'm not feeling well.

아임 낫 필링 웰

난 건강해요.

I'm healthy.

아임 핼씨

건강해 보이시네요.

You look healthy.

유 룩 핼씨

건강 조심하세요.

Take care of your health.

테익 케어롭 유얼 핼스

다음 문장을 영어로 말할 수 있는지 쓰면서 체크해 보세요.

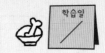

컨디션은 어때요?

- **How do you** ⬚ **?**

건강은 어떠세요?

- **How is your** ⬚ **?**

컨디션이 안 좋아요.

- **I'm not** ⬚ **well.**

난 건강해요.

- **I'm** ⬚ **.**

건강해 보이시네요.

- **You** ⬚ **healthy.**

건강 조심하세요.

- **Take care of your** ⬚ **.**

 Mini Talk

A: **How are you feeling today?**
하우 알 유 필링 투데이
오늘은 기분이 어떠세요?

B: **I'm not feeling well.**
아임 낫 필링 웰
컨디션이 영 별로예요.

성격에 대해 말할 때

>> 녹음을 듣고 소리내어 읽어볼까요? <<< 듣기 >>>

나는 낙천적이에요.

I'm optimistic.

아임 옵티미스틱

그는 명랑해요.

He's cheerful.

히즈 치어플

그녀는 정직해요.

She's honest.

쉬즈 어니스트

그는 내성적이에요.

He's introverted.

히즈 인트러버티드

난 당신이 매우 유쾌하다고 생각해요.

I think you are very funny.

아이 씽 유 알 베리 퍼니

난 현실주의자에 가까워요.

I'm more of a realist.

아임 모어로버 리얼리슷

다음 문장을 영어로 말할 수 있는지 쓰면서 체크해 보세요.

나는 낙천적이에요.
- I'm _____.

그는 명랑해요.
- He's _____.

그녀는 정직해요.
- She's _____.

그는 내성적이에요.
- He's _____.

난 당신이 매우 유쾌하다고 생각해요.
- I think you are very _____.

난 현실주의자에 가까워요.
- I'm more of a _____.

 Mini Talk

A: **Do you make friends easily?**

두 유 메익 프렌즈 이절리

친구를 쉽게 사귀는 편이세요?

B: **No, I don't. I'm shy.**

노, 아이 돈ㅌ. 아임 샤이

아뇨, 내성적이라서요.

정말 맛있어요.

It's really good.

잇츠 리얼리 굿

그건 건강에도 좋고 맛도 좋아요.

It's healthy and delicious.

잇츠 핼시 앤 딜리셔스

이건 맛이 별로 없어요.

This is flavorless.

디시즈 플레이버리스

배불러요.

I'm stuffed.

아임 스텁트

그녀는 식성이 까다로워요.

She is a picky eater.

쉬 이저 픽키 이터ㄹ

어떤 음식을 좋아하세요?

What kind of food do you like?

왓 카인돕 푸드 두 유 라익

다음 문장을 영어로 말할 수 있는지 쓰면서 체크해 보세요.

정말 맛있어요.

- It's really [ ].

그건 건강에도 좋고 맛도 좋아요.

- It's healthy and [ ].

이건 맛이 별로 없어요.

- This is [ ].

배불러요.

- I'm [ ].

그녀는 식성이 까다로워요.

- She is a picky [ ].

어떤 음식을 좋아하세요?

- What kind of [ ] do you like?

 Mini Talk

A: **How does it taste?**
하우 더짓 테이슷
맛이 어때요?

B: **It's really good.**
잇츠 리얼리 굿
정말 맛있어요.

그 사람은 어떻게 생겼어요?

What's he like?

왓츠 히 라익

키가 얼마나 돼요?

How tall are you?

하우 톨 알 유

몸무게가 얼마나 나가요?

How much do you weigh?

하우 머취 두 유 웨잇

그는 뚱뚱해요.

He is fat.

히 이즈 팻

그녀는 키가 작고 말랐어요.

She is petite and slim.

쉬 이즈 페팃 앤 슬림

오늘 피곤해 보이네요.

You look tired today.

유 룩 타이엇 투데이

다음 문장을 영어로 말할 수 있는지 쓰면서 체크해 보세요.

그 사람은 어떻게 생겼어요?

- What's he ⬚ ?

키가 얼마나 돼요?

- How ⬚ are you?

몸무게가 얼마나 나가요?

- How much do you ⬚ ?

그는 뚱뚱해요.

- He is ⬚ .

그녀는 키가 작고 말랐어요.

- She is ⬚ and slim.

오늘 피곤해 보이네요.

- You look ⬚ today.

A: **How do I look?**

하우 두 아이 룩

나 어때?

B: **You look beautiful in that dress.**

유 룩 뷰티플 인 댓 드레스

그 옷 입으니까 예뻐 보여.

당신 참 멋지네요.

You are in style.

유 알 인 스타일

이건 너무 딱 맞아요.

This is too tight.

디시즈 투 타잇

당신에게 참 잘 어울려요.

It looks good on you.

잇 룩스 굿 온 유

패션 감각이 뛰어나시네요.

You have great taste in clothes.

유 햅 그레잇 테이스틴 클로우드즈

입고 있는 옷이 맘에 드네요.

I like the dress that you have on.

아이 라익 더 드레스 댓 유 햅 온

그녀는 옷을 크게 입는 편이에요.

She wears loose-fitting clothes.

쉬 웨어즈 루즈-핏팅 클로우드즈

다음 문장을 영어로 말할 수 있는지 쓰면서 체크해 보세요.

당신 참 멋지네요.

- **You are in** [____].

이건 너무 딱 맞아요.

- **This is too** [____].

당신에게 참 잘 어울려요.

- **It** [____] **good on you.**

패션 감각이 뛰어나시네요.

- **You have great taste in** [____].

입고 있는 옷이 맘에 드네요.

- **I like the** [____] **that you have on.**

그녀는 옷을 크게 입는 편이에요.

- **She** [____] **loose-fitting clothes.**

Mini Talk

A: **How do I look in this suit?**

하우 두 아이 룩 인 디스 슛

이 양복 입으니 나 어때요?

B: **It looks good on you.**

잇 룩스 굿 온 유

잘 어울려요.

지금 몇 시죠?

What time is it now?

왓 타임 이짓 나우

몇 시입니까?

Do you have the time?

두 유 햅 더 타임

몇 시쯤 됐을까요?

I wonder what time is it?

아이 원더 왓 타임 이짓

시간 있으세요?

Have you got a minute?

해뷰 가러 미닛

시간이 없어요.

I'm in a hurry.

아임 이너 허리

시계가 정확한가요?

Is your watch correct?

이쥬얼 왓치 커렉트

다음 문장을 영어로 말할 수 있는지 쓰면서 체크해 보세요.

지금 몇 시죠?

- What time is it ____ ?

몇 시입니까?

- Do you have the ____ ?

몇 시쯤 됐을까요?

- I ____ what time is it?

시간 있으세요?

- Have you got a ____ ?

시간이 없어요.

- I'm in a ____ .

시계가 정확한가요?

- Is your watch ____ ?

A: **What time is it?**

왓 타임 이짓

몇 시죠?

B: **It's ten twenty-three.**

잇츠 텐 투웬티-쓰리

10시 23분입니다.

Unit 07 날짜와 요일에 대해 말할 때

>> 녹음을 듣고 소리내어 읽어볼까요? <<< 듣기 >>>

오늘이 며칠이죠?

What's the date today?

왓츠 더 데잇 투데이

오늘이 무슨 요일이죠?

What day is it today?

왓 데이 이짓 투데이

몇 월이죠?

What month is it?

왓 먼쓰 이짓

거기는 오늘 며칠이에요?

What's the date today over there?

왓츠 더 데잇 투데이 오버 데얼

생일이 언제예요?

When's your birthday?

웬즈 유얼 벌쓰데이

시험이 언제부터죠?

When does the exam start?

웬 더즈 디 이그잼 스탓

다음 문장을 영어로 말할 수 있는지 쓰면서 체크해 보세요.

오늘이 며칠이죠?

- **What's the** ⬚ **today?**

오늘이 무슨 요일이죠?

- **What** ⬚ **is it today?**

몇 월이죠?

- **What** ⬚ **is it?**

거기는 오늘 며칠이에요?

- **What's the date** ⬚ **over there?**

생일이 언제예요?

- **When's your** ⬚ **?**

시험이 언제부터죠?

- **When does the exam** ⬚ **?**

 Mini Talk

A: **What's the date today?**

왓츠 더 데잇 투데이

오늘이 며칠이죠?

B: **It's the third of March.**

잇츠 더 써드 옵 마치

3월 3일이에요.

Unit 08 날씨에 대해 말할 때

>> 녹음을 듣고 소리내어 읽어볼까요? <<< 듣기 >>>

오늘 날씨 어때요?

How's the weather today?

하우즈 더 웨더 투데이

오늘은 날씨가 화창하군요.

It's a beautiful day today.

잇처 뷰티플 데이 투데이

이제 비가 그쳤습니까?

Has the rain stopped yet?

해즈 더 레인 스탑트 옛

정말 너무 더워요.

It's terribly hot.

잇츠 테러블리 핫

정말 춥네, 안 그래요?

It's freezing cold, isn't it?

잇츠 프리징 콜드, 이즌팃

눈이 올 것 같아요.

It looks like snow.

잇 룩스 라익 스노우

다음 문장을 영어로 말할 수 있는지 쓰면서 체크해 보세요.

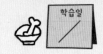

오늘 날씨 어때요?

- How's the [ ] today?

오늘은 날씨가 화창하군요.

- It's a [ ] day today.

이제 비가 그쳤습니까?

- Has the [ ] stopped yet?

정말 너무 더워요.

- It's terribly [ ].

정말 춥네, 안 그래요?

- It's freezing [ ], isn't it?

눈이 올 것 같아요.

- It looks like [ ].

 Mini Talk

A: **It's a lovely day, isn't it?**

잇처 러블리 데이, 이즌팃

날씨가 아주 근사하네요, 안 그래요?

B: **Yes, it is.**

에스, 이리즈

그렇군요.

Unit 09 계절에 대해 말할 때

어느 계절을 가장 좋아하세요?

Which season do you like best?

위치 시즌 두 유 라익 베슷

참 화창한 봄날이네요!

What a bright spring day!

와러 브라잇 스프링 데이

여름이 왔어요.

Summer has come.

썸머 해즈 컴

가을은 독서의 계절이에요.

Autumn is the best season for reading.

오텀 이즈 더 베슷 시즌 풔 리딩

가을엔 하늘이 높아요.

The sky is high in Autumn.

더 스카이 이즈 하이 인 오텀

겨울이 오고 있어요.

Winter is on its way.

윈터 이즈 온 잇츠 웨이

다음 문장을 영어로 말할 수 있는지 쓰면서 체크해 보세요.

어느 계절을 가장 좋아하세요?

- **Which** _____ **do you like best?**

참 화창한 봄날이네요!

- **What a bright** _____ **day!**

여름이 왔어요.

- _____ **has come.**

가을은 독서의 계절이에요.

- _____ **is the best season for reading.**

가을엔 하늘이 높아요.

- **The** _____ **is high in Autumn.**

겨울이 오고 있어요.

- _____ **is on its way.**

A: **Which season do you like best?**

위치 시즌 두 유 라익 베슷

어느 계절을 가장 좋아하세요?

B: **I like spring best.**

아이 라익 스프링 베슷

봄을 가장 좋아해요.

무슨 종교를 믿습니까?

What is your religion?

와리즈 유얼 릴리젼

신을 믿으세요?

Do you believe in God?

두 유 빌리빈 갓

저는 기독교 신자예요.

I'm a Christian.

아이머 크리스쳔

저는 천주교를 믿습니다.

I'm a Catholic.

아이머 캐쓸릭

저는 불교 신자입니다.

I'm a Buddhist.

아이머 부디스트

가까운 곳에 교회가 있나요?

Is there a church near here?

이즈 데어러 춰치 니어 히얼

다음 문장을 영어로 말할 수 있는지 쓰면서 체크해 보세요.

무슨 종교를 믿습니까?

- **What is your** ⬚ **?**

신을 믿으세요?

- **Do you believe in** ⬚ **?**

저는 기독교 신자예요.

- **I'm a** ⬚ **.**

저는 천주교를 믿습니다.

- **I'm a** ⬚ **.**

저는 불교 신자입니다.

- **I'm a** ⬚ **.**

가까운 곳에 교회가 있나요?

- **Is there a** ⬚ **near here?**

A: **Are you religious?**

알 유 릴리져스

종교를 가지고 있습니까?

B: **No, I'm an atheist.**

노, 아임 언 에이씨이스트

아니요, 저는 무신론자예요.

PART
06

I hope you'll be happy.

취미와 여가 표현

취미가 뭐예요?

What are your hobbies?

워라 유얼 하비스

취미로 무얼 하세요?

What do you do for fun?

왓 두 유 두 풔 펀

난 온라인 채팅에 푹 빠져 있어요.

I'm so into online chatting.

아임 쏘 인투 온라인 채팅

난 인터넷 검색하는 거 좋아해요.

I like surfing the internet.

아이 라익 서핑 디 인터넷

난 낚시에 관심 있어요.

I'm interested in fishing.

아임 인터레스티딘 피싱

전 물건들을 고치는 걸 즐겨요.

I enjoy fixing things.

아이 인죠이 픽싱 씽즈

취미가 뭐예요?

- **What are your** ⬚ **?**

취미로 무얼 하세요?

- **What do you do for** ⬚ **?**

난 온라인 채팅에 푹 빠져 있어요.

- **I'm so into online** ⬚ **.**

난 인터넷 검색하는 거 좋아해요.

- **I like** ⬚ **the internet.**

난 낚시에 관심 있어요.

- **I'm interested in** ⬚ **.**

전 물건들을 고치는 걸 즐겨요.

- **I enjoy** ⬚ **things.**

A: **Do you like romantic movies?**

두 유 라익 로멘틱 무비스

로맨틱 영화 좋아하세요?

B: **I love it!**

아이 럽 잇

완전 좋아해요!

Unit 02 여가에 대해 말할 때

주말에 주로 뭐 하세요?

What do you like to do on the weekends?

왓 두 유 라익 투 두 온 더 위캔즈

쉬는 날에는 주로 뭐 하세요?

What do you usually do on your day off?

왓 두 유 유절리 두 온 유얼 데이 오프

여가 시간엔 뭐 하세요?

What do you like doing in your free time?

왓 두 유 라익 두잉 인 유얼 프리 타임

여가 시간에 축구를 즐겨요.

I enjoy playing football in my free time.

아이 인죠이 플레잉 풋볼 인 마이 프리 타임

여가 시간에 그림을 그려요.

I spend my spare time drawing pictures.

아 스펜 마이 스페어 타임 드로잉 픽쳐스

한가할 때 옛날 영화를 봐요.

I watch old movies at odd moments.

아이 워치 올드 무비스 앳 아드 모먼츠

다음 문장을 영어로 말할 수 있는지 쓰면서 체크해 보세요.

주말에 주로 뭐 하세요?

- **What do you like to do on the** ⬚ **?**

쉬는 날에는 주로 뭐 하세요?

- **What do you usually do on your** ⬚ ⬚ **?**

여가 시간엔 뭐 하세요?

- **What do you like doing in your** ⬚ ⬚ **?**

여가 시간에 축구를 즐겨요.

- **I** ⬚ **playing football in my free time.**

여가 시간에 그림을 그려요.

- **I spend my spare time drawing** ⬚ **.**

한가할 때 옛날 영화를 봐요.

- **I watch old** ⬚ **at odd moments.**

A: **What do you do in your spare time?**
왓 두 유 두 인 유얼 스페어 타임
여가 시간에 뭐 하세요?

B: **I watch old movies.**
아이 워치 올드 무비스
옛날 영화를 봐요.

나는 실내 게임은 못 합니다.

I'm not one for indoor games.

아임 낫 원 풔 인도어 게임스

포커를 가르쳐 주시겠습니까?

Could you tell me how to play poker?

쿠쥬 텔미 하우 투 플레이 포커

좀 쉬운 게임 있어요?

Is there any easy games?

이즈 데어래니 이지 게임스

핀볼게임 해 보셨어요?

Have you tried the pin-ball game?

해뷰 트라이드 더 핀-볼 게임

칩을 현금으로 바꿔 주세요.

Cash my chips, please.

캐쉬 마이 칩스, 플리즈

멋진 오락거리를 찾으세요?

Do you want some great entertainments?

두 유 원ㅌ 썸 그레잇 엔터테인먼츠

다음 문장을 영어로 말할 수 있는지 쓰면서 체크해 보세요.

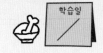

나는 실내 게임은 못 합니다.

- I'm not one for indoor ⬚ .

포커를 가르쳐 주시겠습니까?

- Could you tell me how to play ⬚ ?

좀 쉬운 게임 있어요?

- Is there any easy ⬚ ?

핀볼게임 해 보셨어요?

- Have you tried the ⬚ game?

칩을 현금으로 바꿔 주세요.

- Cash my ⬚ , please.

멋진 오락거리를 찾으세요?

- Do you want some great ⬚ ?

 Mini Talk

A: **What kind of game would you like to play?**
왓 카인돕 게임 우쥬 라익 투 플레이
무슨 게임을 하고 싶어요?

B: **Well, how about playing a video game?**
웰, 하우 어바웃 플레잉 어 비디오 게임
저, 비디오 게임 한 번 하는 게 어떻겠습니까?

책 많이 읽으세요?

Do you read many books?

두 유 릿 매니 북스

책 읽을 시간이 없어요.

I have no time to read.

아이 햅 노 타임 투 릿

어떤 책을 좋아하세요?

What books do you like?

왓 북스 두 유 라익

이 책 읽어보셨어요?

Have you read this book?

해뷰 렛 디스 북

나는 역사소설을 좋아해요.

I like historical novels.

아이 라익 히스토리컬 너블즈

오늘 신문 보셨어요?

Have you seen today's paper?

해뷰 씬 투데이즈 페이퍼

책 많이 읽으세요?

- **Do you read many** [   ] **?**

책 읽을 시간이 없어요.

- **I have no time to** [   ] **.**

어떤 책을 좋아하세요?

- **What books do you** [   ] **?**

이 책 읽어보셨어요?

- **Have you** [   ] **this book?**

나는 역사소설을 좋아해요.

- **I like historical** [   ] **.**

오늘 신문 보셨어요?

- **Have you seen today's** [   ] **?**

Mini Talk

A: **Who's your favorite author?**

후즈 유얼 페이버릿 어덜

좋아하는 작가는 누구예요?

B: **I love Herman Hesse.**

아이 러브 헤르먼 헤세

헤르만 헤세를 무지 좋아해요.

음악 좋아하세요?

Do you like music?

두 유 라익 뮤직

어떤 장르를 좋아하세요?

What genre do you like?

왓 장르 두 유 라익

난 재즈를 좋아해요.

I like Jazz.

아이 라익 재즈

이 노래는 중독성이 있어요.

That song is catchy.

댓 쏭 이즈 캣취

좋아하는 가수가 누구예요?

Who is your favorite singer?

후 이쥬얼 페이버릿 씽어

저는 노래는 못해요.

I'm poor at singing.

아임 푸어 앳 씽잉

다음 문장을 영어로 말할 수 있는지 쓰면서 체크해 보세요.

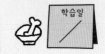

음악 좋아하세요?

● **Do you like** [   ] **?**

어떤 장르를 좋아하세요?

● **What** [   ] **do you like?**

난 재즈를 좋아해요.

● **I like** [   ] **.**

이 노래는 중독성이 있어요.

● **That song is** [   ] **.**

좋아하는 가수가 누구예요?

● **Who is your favorite** [   ] **?**

저는 노래는 못해요.

● **I'm** [   ] **at singing.**

 Mini Talk

A: **What genre do you like?**

왓 장르 두 유 라익

어떤 장르를 좋아하세요?

B: **I love pop music.**

아이 럽 팝 뮤직

팝을 좋아합니다.

Unit 06 그림에 대해 말할 때

>> 녹음을 듣고 소리내어 읽어볼까요? <<< 듣기 >>>

전 그림 그리기를 좋아해요.

I like painting.

아이 라익 페인팅

그녀는 화가예요.

She is a painter.

쉬 이저 페인터

그는 그래픽 아티스트예요.

He is a graphic artist.

히 이저 그래픽 아티스트

그림 참 잘 그리네요.

You are good at drawing.

유 알 굿 앳 드로잉

이 그림에 대해 어떻게 생각하세요?

What do you think of this painting?

왓 두 유 씽콥 디스 페인팅

그림에 대한 안목이 있으시군요.

You have an eye for paintings.

유 해번 아이 풔 페인팅스

다음 문장을 영어로 말할 수 있는지 쓰면서 체크해 보세요.

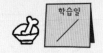

전 그림 그리기를 좋아해요.

- I like _____ .

그녀는 화가예요.

- She is a _____ .

그는 그래픽 아티스트예요.

- He is a graphic _____ .

그림 참 잘 그리네요.

- You are good at _____ .

이 그림에 대해 어떻게 생각하세요?

- What do you _____ of this painting?

그림에 대한 안목이 있으시군요.

- You have an _____ for paintings.

 Mini Talk

A: **What a wonderful picture!**
와러 원더플 픽쳐
멋진 그림이군요!

B: **Do you think so? Thank you.**
두 유 씽 쏘? 땡큐
그렇게 생각하세요? 감사합니다.

지금 텔레비전에서 뭐해요?

What's on TV?

왓츠 온 티비

텔레비전에서 뭐 재미있는 거 해요?

Is there anything good on TV?

이즈 데얼 애니씽 굿 온 티비

리모콘 좀 줘.

Pass me the remote.

패스 미 더 리못

어떤 텔레비전 프로그램을 좋아하세요?

Which program do you enjoy most?

위치 프로그램 두 유 인조이 모숫

저는 퀴즈쇼를 좋아해요.

I like to watch quiz shows.

아이 라익 투 워치 퀴즈 쇼우즈

텔레비전을 켜 주시겠어요?

Could you turn on the television?

쿠쥬 턴 온 더 텔레비전

다음 문장을 영어로 말할 수 있는지 쓰면서 체크해 보세요.

지금 텔레비전에서 뭐해요?

- **What's on** _____ **?**

텔레비전에서 뭐 재미있는 거 해요?

- **Is there anything** _____ **on TV?**

리모콘 좀 줘.

- **Pass me the** _____ **.**

어떤 텔레비전 프로그램을 좋아하세요?

- **Which** _____ **do you enjoy most?**

저는 퀴즈쇼를 좋아해요.

- **I like to** _____ **quiz shows.**

텔레비전을 켜 주시겠어요?

- **Could you** _____ **on the television?**

Mini Talk

A: **What are you doing?**

워라유 두잉

뭐해요?

B: **I'm just watching TV at home.**

아임 저슷 워칭 티비 앳 홈

집에서 그냥 TV 보고 있어요.

어떤 영화를 좋아하세요?

What kind of movies do you like?

왓 카인돕 무비스 두 유 라익

얼마나 자주 영화 보러 가세요?

How often do you go to the movies?

하우 오픈 두 유 고 투 더 무비스

영화 어땠어요?

How did you like the movie?

하우 디쥬 라익 더 무비

가장 좋아하는 영화가 뭐예요?

What's your favorite movie?

왓츠 유얼 페이버릿 무비

가장 좋아하는 남자배우는 누구예요?

Who's your favorite actor?

후즈 유얼 페이버릿 액터

지금 무슨 영화 해요?

What movie is showing?

왓 무비 이즈 쇼우잉

다음 문장을 영어로 말할 수 있는지 쓰면서 체크해 보세요.

어떤 영화를 좋아하세요?

- **What kind of** [　　] **do you like?**

얼마나 자주 영화 보러 가세요?

- [　　] [　　] **do you go to the movies?**

영화 어땠어요?

- **How did you** [　　] **the movie?**

가장 좋아하는 영화가 뭐예요?

- **What's your** [　　] **movie?**

가장 좋아하는 남자배우는 누구예요?

- **Who's your favorite** [　　] **?**

지금 무슨 영화 해요?

- **What movie is** [　　] **?**

 Mini Talk

A: **How did you like the movie?**
하우 디쥬 라익 더 무비
영화 어땠어요?

B: **It was great!**
잇 워즈 그레잇
굉장했어요.

운동하세요?

Do you work out?

두 유 웍카웃

얼마나 자주 운동하세요?

How often do you exercise?

하우 오픈 두 유 엑서사이즈

건강을 위해 어떤 운동을 하세요?

What exercise do you do for your health?

왓 엑서사이즈 두 유 두 풔 유얼 핼스

운동하는 것을 좋아하세요?

Do you like playing sports?

두 유 라익 플레잉 스포츠

스포츠라면 뭐든지 좋아합니다.

I like all kinds of sports.

아이 라익 올 카인즈 옵 스포츠

그 경기 누가 이겼죠?

Who won the game?

후 원 더 게임

운동하세요?

● **Do you** ☐ **out?**

얼마나 자주 운동하세요?

● **How often do you** ☐ **?**

건강을 위해 어떤 운동을 하세요?

● **What exercise do you do for your** ☐ **?**

운동하는 것을 좋아하세요?

● **Do you like playing** ☐ **?**

스포츠라면 뭐든지 좋아합니다.

● **I like all** ☐ **of sports.**

그 경기 누가 이겼죠?

● **Who won the** ☐ **?**

Mini Talk

A: **What kind sports do you like?**
왓 카인드 스포츠 두 유 라익
어떤 스포츠를 좋아하세요?

B: **I like all kinds of sports.**
아이 라익 올 카인즈 옵 스포츠
스포츠라면 뭐든지 좋아합니다.

저는 여행하는 것을 좋아해요.

I am fond of traveling.

아이 엠 폰드 옵 트래블링

여행은 마음을 넓혀줘요.

Travel broadens the mind.

트래블 브로든스 더 마인드

여행은 어땠어요?

How was your trip?

하우 워즈 유얼 트립

저는 가족과 함께 여행하는 것을 좋아해요.

I enjoy traveling with my family.

아이 인조이 트래블링 윗 마이 패멀리

해외여행을 하신 적이 있습니까?

Have you ever traveled overseas?

해뷰 에버 트래블드 오버씨즈

해외여행은 이번이 처음입니다.

This is my first trip overseas.

디시즈 마이 퍼숫 트립 오버씨즈

다음 문장을 영어로 말할 수 있는지 쓰면서 체크해 보세요.

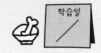

저는 여행하는 것을 좋아해요.

- I am fond of [   ] .

여행은 마음을 넓혀줘요.

- [   ] broadens the mind.

여행은 어땠어요?

- How was your [   ] ?

저는 가족과 함께 여행하는 것을 좋아해요.

- I [   ] traveling with my family.

해외여행을 하신 적이 있습니까?

- Have you ever traveled [   ] ?

해외여행은 이번이 처음입니다.

- This is my [   ] trip overseas.

 Mini Talk

A: **Do you like traveling by ship?**
두 유 라익 트래블링 바이 쉽
배 여행을 좋아하세요?

B: **No, I prefer to travel by plane.**
노, 아이 프리퍼 투 트래블 바이 플레인
아뇨, 비행기로 여행하는 게 더 좋아요.